घेरण्ड संहिता

UGC-NET YOGA

महिम तिवारी

XpressPublishing
An imprint of Notion Press

XpressPublishing
An imprint of Notion Press

No.8, 3rd Cross Street, CIT Colony,
Mylapore, Chennai, Tamil Nadu-600004

Copyright © Mahim Tiwari
All Rights Reserved.

ISBN 978-1-63606-069-9

This book has been published with all efforts taken to make the material error-free after the consent of the author. However, the author and the publisher do not assume and hereby disclaim any liability to any party for any loss, damage, or disruption caused by errors or omissions, whether such errors or omissions result from negligence, accident, or any other cause.

While every effort has been made to avoid any mistake or omission, this publication is being sold on the condition and understanding that neither the author nor the publishers or printers would be liable in any manner to any person by reason of any mistake or omission in this publication or for any action taken or omitted to be taken or advice rendered or accepted on the basis of this work. For any defect in printing or binding the publishers will be liable only to replace the defective copy by another copy of this work then available.

पूज्य दादी माँ को समर्पित

क्रम-सूची

प्रस्तावना vii

इकाई -5

ग्रन्थ - परिचय

1. षट्कर्म प्रकरण 5
2. योगासन प्रकरण 13
3. मुद्रा एवं बंध प्रकरण 26
4. प्रत्याहार प्रकरण 36
5. प्राणायाम प्रकरण 37
6. ध्यान प्रकरण 44
7. समाधि प्रकरण 46

• v •

प्रस्तावना

मनुष्य की जीवंतता का प्रथम दर्शन और अंतिम परिणति दोनों ही योग है। योग का कोई उद्देश्य नहीं हो सकता। योग साधन नहीं है जिससे कुछ पाया जाये। योग स्वयं ही साध्य है। योग प्रक्रिया का नाम है। योग पशु चेतना से मनुष्य और मनुष्य चेतना से देव चेतना तक ले जाने का नाम है।

इस पुस्तक में घेरण्ड संहिता के समस्त श्लोकों और मुख्य विषयों पर प्रकाश डालने का प्रयास किया है। UGC-NET के पाठ्यक्रम का ध्यान रखते हुए इस पुस्तक के विषय-वस्तु को तैयार किया गया है।

आशा करता हूँ यह पुस्तक प्रतियोगी परीक्षा में प्रतिभाग करने वाले छात्रों तैयारी में सहायता प्रदान करेगी।

- महिम तिवारी

इकाई -5

हठयोग के ग्रन्थ :

- हठयोग और हठयोग के ग्रन्थों का परिचय योगबीज, गोरक्ष संहिता, शिव संहिता, वशिष्ठ संहिता, सिद्ध-सिद्धांत पद्धति, हठप्रदीपिका, घेरण्डसंहिता और हठरत्नावली। हठयोग का उद्देश्य, हठयोग से सम्बन्धित भ्रामक धारणाएँ।

- हठयोग की पूर्वापेक्षायें (दस यम और दस नियम), हठयोग में साधक और बाधक तत्त्व, घट की अवधारणा, घटाद्धि, हठयोग में भोधन क्रियाओं की अवधारणा और महत्त्व, स्वास्थ्य एवं रोग में भोधन क्रियाओं का महत्त्व, मठ की अवधारणा, मिताहार, हठयोग के साधकों द्वारा पालन किए जाने वाले नियम एवं विनियम।

हठयोग के ग्रन्थों में आसन :

- योगासन की परिभाषा, पूर्वापेक्षाएं और प्रमुख विशेषताएँ, हठप्रदीपिका, हठरत्नावली, शिव संहिता, वशिष्ठ सहिंता, घेरण्ड संहिता में वर्णित विभिन्न आसनों के लाभ, सावधानियाँ और प्रतिकूलात्मक निर्देश।

हठयोग ग्रन्थों में प्राणायाम :

- प्राण एवं प्राणायाम की अवधारणा, प्राणायाम के चरण और अवस्थाएँ, हठयोग साधना में प्राणायाम की पूर्वापेक्षाएं, हठप्रदीपिका, घेरण्ड संहिता, शिव संहिता तथा वशिष्ठ सहिंता में वर्णित प्राणायाम, प्राणायाम के लाभ, सावधानियाँ एवं

प्रतिकूलात्मक निर्देश।

बन्ध, मुद्रा और अन्य अभ्यास :

- मुद्रा एवं बन्ध की अवधारणा व परिभाषा। हठप्रदीपिका, हठरत्नावली और घेरण्ड संहिता, शिव संहिता, वशिष्ठ संहिता में वर्णित बन्ध एवं मुद्रा की परिभाषा, लाभ, सावधानियाँ और निषेधात्मक निर्देश।

घेरण्ड संहिता में प्रत्याहार और ध्यान की अवधारणा, परिभाषा, लाभ और विधियाँ, हठप्रदीपिका में नाद और नादानुसंधान की अवधारणा और लाभ। नादानुसंधान की चार अवस्थाएँ (चरण), हठयोग और राजयोग में सम्बन्ध, हठयोग के उद्देश्य, हठयोग की समसामयिक उपादेयता।

৩~

ग्रन्थ - परिचय

- महर्षि घेरण्ड वैष्णव संत थे।
- ये सत्रहवीं (17) शताब्दी के है।
- घटस्थ योग का वर्णन किया है।
- इसे सप्तांग योग भी कहा गया है।
- राजा चण्डकापालि और महर्षि घेरण्ड के बीच का संवाद।
- घटस्थ योग ही तत्वज्ञानका कारण है।
- राजा ने चार प्रश्न पूछे।
- सबसे बड़ा पाप – माया
- सबसे बड़ा बल – योग
- सबसे बढकर भाई (बन्धु) – ज्ञान
- सबसे बड़ा शत्रु – अहंकार
- प्राणियों के शरीर सुकृत तथा दुष्कृत दोनों कर्मों से उत्पन्न होते हैं।
- मनुष्य के कर्म ही जन्म-मरण के कारण हैं।
- शरीर की शुद्धि के लिये सप्त-साधनोंका वर्णन किया गया है।
  - शोधन – षट्कर्म
  - दृढ़ता – आसन
  - स्थिरता – मुद्रा
  - धैर्य – प्रत्याहार
  - लघुता – प्राणायाम
  - प्रत्यक्ष - ध्यान
  - निर्लिप्त – समाधि

(इनको क्रम से याद रखें।)

- घेरण्ड संहिता की पहली प्रति सन् 1804 की है।

- इसमें सात प्रकरण (अध्याय) हैं।
- षट्कर्म संख्या में छह हैं।
- इसमें 32 आसनों का वर्णन है।
- 25 मुद्राएँ हैं, जिनमें 16 मुद्राएँ, 5 धारणाएँ तथा 4 बन्धों का वर्णन है।
- प्राणायामों की संख्या 8 है।
- ध्यान के 3 प्रकारों का वर्णन है

बहिरंग ध्यान

अन्तरंग ध्यान

एकचित्त ध्यान

- घटस्थ योग में घट का तात्पर्य शरीर से है।

1
षट्कर्म प्रकरण

- षट्कर्म – धौति, वस्ति, नेति, लौलिकी, त्राटक, कपालभाति)
- धौति

  अंतधौति
  दंतधौति
  हृदधौति
  मूलशोधन

- अंतधौति (4 प्रकार)

  वातसार
  वारिसार
  वन्हिसार (अग्निसार)
  बहिष्कृत

- वातसार धौति- कौवे की चोंच के समान होंठ बनाकर वायु ग्रहण करें तथा कुछ समय पेट में रखकर पुनः बाहर निकाल दें।

लाभ-
यह अत्यंत गुप्त विद्या है।
समस्त रोगों का नाश।
*जठराग्नि का बढ़ना।

- वारिसार धौति – मुख से जल पीकर कंठ तक भर लेना है। उदर (पेट) को चलाकर जल को गुदा मार्ग से निकाल देना है।
- इसे शंख-प्रक्षालनभी कहते हैं।

    लाभ-
    परम गुप्त विद्या
    शरीर स्वच्छ करने वाली
    *देवताओं के समान शरीर की प्राप्ति।

- उदर में जल संचालन के लिये प्रयुक्त 5 आसन

    ताड़ासन
    तिर्यक – ताड़ासन
    कटि-चक्रासन
    भुजंगासन
    उदराकर्षण
    शंख प्रक्षालन के उपरांत कुंजर व नेति आवश्यक है।

- वन्हिसार धौति – प्राणवायु को रोककर नाभि को मेरु भाग से लगायें। इस क्रिया में उदर का प्रसारण तथा संकुचन किया जाता है।
- इसे अग्निसार क्रियाभी कहते हैं।

    लाभ-
    सभी उदर रोग नष्ट होते हैं।
    जठराग्नि तीव्र होती है।

अत्यंत गोपनीय और देवताओं को भी दुर्लभ है।
देवताओं जैसा शरीर हो जाता है।

- बहिष्कृत धौति – काकी मुद्रा द्वारा उदर में वायु भरकर उस वायु को आधे प्रहर (डेढ घंटे) तक उदर में रोक लें। उसके पश्चात अधोमार्ग से निकाल दें।

- दंतधौति – (5 प्रकार)

    दंतमूल
    जिह्वामूल
    कर्णरंध्र
    कपालरंध्र
    *ये पाँच प्रकार की है। दोनों कानों को सम्मिलित करने से ये पाँच प्रकार की हो जाती है।

- दंतमूल धौति – मैल छूटने तक विशुद्ध मिट्टी से दाँतों की जडों को मांजना चाहिये।

    लाभ-
    दाँत की रक्षा
    'प्रमुख कर्म माना जाता है।

- जिह्वामूल धौति – तर्जनी, मध्यमा व अनामिका, तीनों अंगुलियों को मिलाकर जिह्वा को जड़ तक रगड़कर साफ करना चाहिये। इसके उपरांत जीभ पर मक्खन लगा कर दूध दुहने जैसी क्रिया करें। तत्पश्चात् लोहे की चिमटी से जीभ को पकड़कर बाहर खींचें।

    लाभ -
    जिह्वा-शुद्धि व रोगों से मुक्ति

*जरा-मरण से मुक्ति
*कफदोष का निवारण
जिह्वा की लम्बाई बढ़ना

- कर्णरंध्र धौति – तर्जनी और अनामिका को मिलाकर दोनों कर्णछिद्रों की सफाई करना।

  लाभ -
  नाद की अनुभूति

- कपालरंध्र धौति – दाहिने हाथ को कप की भांति बनाकर उसमे जल भरें तत्पश्चात उससे अपने कपालरंध्र/ब्रह्मरंध्र पर थपकियाँ दें।

  लाभ -
  *कफ दोष से मुक्ति
  नाड़ियों की निर्मलता
  *दिव्य दृष्टि की प्राप्ति

- हृदधौति – (3प्रकार)

  दण्ड धौति
  वमन धौति
  वसन धौति (वस्त्र धौति)

- दण्डधौति – केले के मृदुभाग के डंडे, हल्दी के डंडे या बेंत को मुख से हृदय के मध्य बार बार घुसाकर धीरे धीरे निकालना। कफ, पित्त, क्लेद को मुख से निकालना।

  लाभ –
  हृदय रोग में लाभ

- वमन धौति – भोजन के अंत में कण्ठ पर्यन्त जल पीना तथा तुरंत ही ऊपर देखते हुये उसे बाहर निकाल देना।

लाभ –
कफ और पित्त का शमन

- वसन धौति – महीन कपड़े की चार गज चौड़ी पटटी लेकर निगलना तथा धीरे-धीरे बाहर निकालना।
- इसे वस्त्र धौति भी कहते हैं।

लाभ –
*गुल्म (पेट में वायु का गोला)
ज्वर (बुखार)
प्लीहा (Spleen के विकार)
कुष्ठ (चर्म रोग) इत्यादि में लाभ
कफ और पित्त का शमन
आरोग्य, बल वर्धक

- मूलशोधन

हल्दी की जड़ अथवा मध्यमा अंगुली को गुदा में डालकर उसका शोधन (शुद्धि) करना।
लाभ –
*अपान वायु की क्रूरता का शमन
कोष्ठ काठिन्य (मल द्वार का कड़ापन) से मुक्ति
जठराग्नि प्रदीप्त

- वस्ति

यह दो प्रकार की है।

जल वस्ति
शुष्क वस्ति (स्थल वस्ति)

- जल वस्ति – नाभि तक जल में बैठकर 'उत्कट आसन' लगायें तथा गुदा का प्रसारण व संकुचन करें।

लाभ –
प्रमेह व उदावर्त (पेट की गैस ऊपर जाना) का निवारण
क्रूर वायु का निवारण
*कामदेव के समान सुन्दर शरीर।

- स्थल वस्ति – पश्चिमोत्तान आसन में बैठकर अश्विनी मुद्रा के द्वारा गुदा का संकुचन व प्रसारण करना।

लाभ –
कोष्ठ (पेट) के दोष-निवारण
जठराग्नि वर्धन

- नेति क्रिया

बलिश्त भर (आधा हाथ) लम्बा डोरा लेकर नासिका में घुसाएँ तथा मुख से निकाल दें।

लाभ –
*खेचरी की सिद्धि
कफ दोषों का निवारण
*दिव्य दृष्टि की उपलब्धि

- घेरण्ड संहिता में सिर्फ 'सूत्रनेति' का ही वर्णन है।

- लौलिकी

उदर को दोनो पार्श्वों में वेगपूर्वक घुमाना लौलिकी कहलाता है।
लाभ –
सब रोगों का नाशक
जहरानि प्रदीप

- त्राटक

  निमेष - उन्मेष (पलक झपकना) रोककर किसी सूक्ष्म लक्ष्य को टकटकी लगाकर तब तक देखना तब तक आँसू न गिरने लगें।
  लाभ –
  *शाम्भवी मुद्रा की स्थिति सिद्ध
  नेत्र दोषों का निवारण
  दिव्य पृष्टि की प्राप्ति

- कपालभाति (3 प्रकार)

  यह तीन प्रकार का है।
  वातक्रम
  व्युतक्रम
  शीतक्रम
  लाभ –
  *कफदोषों का निवारण

- वातक्रम कपालभाति – इड़ा नाडी (Left Nose) से श्वास लेकर पिंगला (Right Nose) से बाहर छोडना तथा पिंगला से लेकर इड़ा से श्वास बाहर छोडना वातक्रम कपालभाति है।

  लाभ-
  कफदोष से निवारण

- व्युतक्रम कपालभाति – दोनों नासिका से जल खीचें व मुख से निकाल दें तथा मुख से जल खींचकर नासिका से निकाल दें।

  लाभ-
  श्लेष्मा दोष (कफ दोष) का निवारण

- शीतक्रम कपालभाति – शीत्कार करता हुआ साधक मुख से जल खींचकर नासिका के द्वारा निकाल दे।

  लाभ-
  कामदेव के समान सुन्दर शरीर
  *बुढ़ापा नहीं आता
  कफदोषका निवारण

2

योगासन प्रकरण

- संसार में जितने जंतु हैं उतने ही आसन हैं। चौरासी लाखआसन कहे गये हैं। जिनमें चौरासीआसन श्रेष्ठ हैं। उनमें से भी बत्तीस आसन अति विशिष्ट और शुभ माने गये हैं।
- अतः घेरण्ड संहिता में बत्तीस(32) आसनों का वर्णन है।

- सिद्धासन –

विधि- योगी एक पाँव की एड़ी को अण्डकोश और गुदा के मध्य में लगायें और दूसरे पाँव को उसके ऊपर रखें। सीधे बैठ कर दृष्टि को भ्रू-मध्य में केन्द्रित करें।

लाभ-

*मोक्ष की प्राप्ति

- पद्मासन –

विधि- बाँयी जंघा पर दायाँ पैर और दाँयी जंघा पर बायाँ पैर रखकर पीछे से दोनों पैर के अंगूठे को पकड़ना तथा नासिका के अग्रभाग को देखना।

लाभ-

सभी रोगों का शमन

- भद्रासन –

विधि- एड़ियों को उलटकर अण्डकोशों के नीचे रखें, पीठ की ओर से पदमासन के समान पैरों के अंगूठे को पकड़ लें। जालंधर बंध की स्थिति में नासिकाग्र देखें।

लाभ –

सब रोगों का नाश

- मुक्तासन –

विधि- बायें पाँव की एड़ी को गुदा मूल में लगाकर उसपर दायें पैर की एड़ी रखें। शरीर और गर्दन सीधा रखकर बैठें।

लाभ-

योगियों के सिद्धि प्रदान करता है।

- वज्रासन –

विधि - दोनो जंघाओं को वज्र के समान दृढ करके दोनो पैरों को गुदा पर लगायें।

लाभ –

सिद्धि की प्राप्ति

- स्वस्तिकासन –

विधि- दोनो जाँघों और घुटनों के मध्य दोनों तलवों को रखकर त्रिकोणाकार आसन लगायें।

- सिंहासन –

विधि- दोनो पाँवों से वज्रासन में आकर घुटनों को दूर करना तथा एड़ियों को अण्डकोशों के नीचे लगाकर भ्रूमध्य या नासिकाग्र में दृष्टि केंद्रित करना।

लाभ –

सभी रोगों का नाश

- गोमुखासन –

विधि- पृथ्वी पर दोनो पाँवो को रखकर और पीठ के दोनों पार्श्वों में लगाकर दोनो हाथों को पकड़ना तथा गौ के समान मुख ऊँचा करके बैठना।

- वीरासन –

विधि- एक पैर को दूसरे पैर के जाँघ के समीप रखकर दूसरे पैर को पीछे की ओर निकालने से वीरासन हो जाता है।

- धनुरासन –

विधि- पेट के बल लेटकर दोनो हाथों से दोनों एड़ियों को पकड़कर शरीर को धनुषाकार खींचना।

- मृतासन (शवासन) –

विधि- मृतक के समान अपने पूरे शरीर को ढीला करके धरती पर लेटना।

लाभ-

विश्राम

चित्त-संतोष

- गुप्तासन –

विधि- दोनों घुटनों के मध्यभाग में दोनो पाँवों को छिपा लें।

- मत्स्यासन –

विधि- पद्मासन की स्थिति में लेट जायें और हाथों की कोहनियों से सिर को लपेट लें।

- मत्स्येन्द्रासन –

विधि- पेट को अंदर खींचकर बायें पाँव की एड़ी को यत्नपूर्वक मोड़कर दायी जंघा पर रखें तथा उसपर दायीं कोहनी रखें। ठुड्डी को दायें हाथ पर रखकर दृष्टि को भौहों के मध्य भाग में स्थिर कर लें।

- गोरक्षासन –

विधि- दोनो जाघों के मध्य दोनों पैरों को रखें तथा हाथों से एड़ियों को पकड़ें। कण्ठ को संकुचित करें, दृष्टि को नासिकाग्र पर केंद्रित करें।
लाभ-
सिद्धि प्रदान करता है।

- पश्चिमोत्तानासन –

विधि- दोनो पांवों को दण्ड के समान सहज भाव से भूमि पर फैलायें। उनके अंगूठों को पकड़ लें। फिर दोनो जाँघों के मध्य सिर रखें।

- उत्कट आसन –

विधि - पैर के पंजों की अँगुलियों के बल पर बैठ जायें तथा एड़ियों को गुदा के दोनों ओर स्थापित करें।

- संकटासन –

    विधि- गोमुखासन की प्रारंभिक अवस्था संकटासन है।

- मयूरासन –

    विधि- दोनों हाथों की हथेलियों को जमीन पर टिकाकर कोहनियों को नाभि के दोनों तरफ लगायें। फिर दोनों पैरों को सीधा रखते हुए उठा लें।

- कुक्कुटासन –

    विधि- पद्मासन में बैठकर दोनों हाथों को जाँघों के बीच डाल दें। हथेलियों को जमीन पर रखकर पूरे शरीर को हवा में उठा लें।

- कूर्मासन –

    विधि- दोनो अण्डकोशों के नीचे दोनो एड़ियों को व्युत्क्रम से रखना।

- उत्तान कूर्मासन –

    विधि - कुक्कुटासन में कन्धों को दोनो हाथों से पकड़कर कछुए के समान सीधे हो जायें।

- मंडूकासन –

    विधि- दोनों पाँवों को पृष्ठभाग में ले जाकर मिलायें और अंगूठे मिलाकर दोनों घुटनों को आगे रखें।

- उतान मंडूकासन –

    विधि- मंडूकासन में मस्तक को कोहनियों पर टिका कर मेंढक के सामान हो जावें।

- वृक्षासन –

    विधि- बायें पैर की जड़ में दाँया पैर लगायें। वृक्ष के समान सीधे खड़े हो जायें।

- गरुड़ासन –

    विधि- दण्डासन में बैठकर दोनों घुटनों पर दोनों हाथ रखें।

- वृषासन –

    विधि- दाहिनी एड़ी दाहिनी गुदा पर बायीं एड़ी बायीं गुदा पर और तलवों का विपरीत भाग जमीन पर।

- शलभासन –

    विधि- पेट के बल लेटकर पैरों को सीधा हवा में उठायें।

- मकरासन –

    विधि- पेट के बल लेट कर हथेलियों में ठुड्डी को लेना।
    लाभ-
    शरीर की अग्नि प्रदीप्त

- उष्ट्रासन –

विधि- पेट के बल लेट कर पांवों को पलटकर पीठ पर टिका दें।

- भुजंगासन –

विधि- पेट के बल लेटकर दोनो हाथों की सहायता से सर्प की भांति मुँह ऊपर उठायें।

लाभ-

शरीर की अग्नि प्रदीप्त

रोगों का नाश

*कुंडलिनी शक्ति का जागरण

- योगासन –

विधि- पद्मासन में बैठकर पूरक करते हुये नासिकाग्र को देखते हुये कुंभक करें।

- संसार में जितने जंतु हैं उतने ही आसन हैं। चौरासी लाखआसन कहे गये हैं। जिनमें चौरासीआसन श्रेष्ठ हैं। उनमें से भी बत्तीस आसन अति विशिष्ट और शुभ माने गये हैं।
- अतः घेरण्ड संहिता में बत्तीस(32) आसनों का वर्णन है।

- सिद्धासन –

विधि- योगी एक पाँव की एड़ी को अण्डकोश और गुदा के मध्य में लगायें और दूसरे पाँव को उसके ऊपर रखें। सीधे बैठ कर दृष्टि को भ्रू-मध्य में केन्द्रित करें।

लाभ-

*मोक्ष की प्राप्ति

- पद्मासन –

विधि- बाँयी जंघा पर दायाँ पैर और दाँयी जंघा पर बायाँ पैर रखकर पीछे से दोनों पैर के अंगूठे को पकड़ना तथा नासिका के अग्रभाग को देखना।

लाभ-
सभी रोगों का शमन

- भद्रासन –

विधि- एड़ियों को उलटकर अण्डकोशों के नीचे रखें, पीठ की ओर से पदमासन के समान पैरों के अंगूठे को पकड़ लें। जालंधर बंध की स्थिति में नासिकाग्र देखें।

लाभ –
सब रोगों का नाश

- मुक्तासन –

विधि- बायें पाँव की एड़ी को गुदा मूल में लगाकर उसपर दायें पैर की एड़ी रखें। शरीर और गर्दन सीधा रखकर बैठें।

लाभ-
योगियों के सिद्धि प्रदान करता है।

- वज्रासन –

विधि - दोनो जंघाओं को वज्र के समान दृढ करके दोनो पैरों को गुदा पर लगायें।

लाभ –
सिद्धि की प्राप्ति

- स्वस्तिकासन –

विधि- दोनो जाँघों और घुटनों के मध्य दोनों तलवों को रखकर त्रिकोणाकार आसन लगायें।

- सिंहासन –

विधि- दोनो पाँवों से वज्रासन में आकर घुटनों को दूर करना तथा एड़ियों को अण्डकोशों के नीचे लगाकर भ्रूमध्य या नासिकाग्र में दृष्टि केंद्रित करना।

लाभ –

सभी रोगों का नाश

- गोमुखासन –

विधि- पृथ्वी पर दोनो पाँवो को रखकर और पीठ के दोनों पार्श्वों में लगाकर दोनो हाथों को पकड़ना तथा गौ के समान मुख ऊँचा करके बैठना।

- वीरासन –

विधि- एक पैर को दूसरे पैर के जाँघ के समीप रखकर दूसरे पैर को पीछे की ओर निकालने से वीरासन हो जाता है।

- धनुरासन –

विधि- पेट के बल लेटकर दोनो हाथों से दोनों एड़ियों को पकड़कर शरीर को धनुषाकार खींचना।

- मृतासन (शवासन) –

विधि- मृतक के समान अपने पूरे शरीर को ढीला करके धरती पर लेटना।

लाभ-

विश्राम

चित्त-संतोष

- गुप्तासन –

विधि- दोनों घुटनों के मध्यभाग में दोनो पाँवों को छिपा लें।

- मत्स्यासन –

विधि- पद्मासन की स्थिति में लेट जायें और हाथों की कोहनियों से सिर को लपेट लें।

- मत्स्येन्द्रासन –

विधि- पेट को अंदर खींचकर बायें पाँव की एड़ी को यत्नपूर्वक मोड़कर दायी जंघा पर रखें तथा उसपर दायीं कोहनी रखें। ठुड्डी को दायें हाथ पर रखकर दृष्टि को भौहों के मध्य भाग में स्थिर कर लें।

- गोरक्षासन –

विधि- दोनो जाघों के मध्य दोनों पैरों को रखें तथा हाथों से एड़ियों को पकड़ें। कण्ठ को संकुचित करें, दृष्टि को नासिकाग्र पर केंद्रित करें।

लाभ-

सिद्धि प्रदान करता है।

- पश्चिमोत्तानासन –

विधि- दोनो पांवों को दण्ड के समान सहज भाव से भूमि पर फैलायें। उनके अंगूठों को पकड़ लें। फिर दोनो जाँघों के मध्य सिर रखें।

- उत्कट आसन –

विधि - पैर के पंजों की अँगुलियों के बल पर बैठ जायें तथा एड़ियों को गुदा के दोनों ओर स्थापित करें।

- संकटासन –

विधि- गोमुखासन की प्रारंभिक अवस्था संकटासन है।

- मयूरासन –

विधि- दोनों हाथों की हथेलियों को जमीन पर टिकाकर कोहनियों को नाभि के दोनों तरफ लगायें। फिर दोनों पैरों को सीधा रखते हुए उठा लें।

- कुक्कुटासन –

विधि- पद्मासन में बैठकर दोनों हाथों को जाँघों के बीच डाल दें। हथेलियों को जमीन पर रखकर पूरे शरीर को हवा में उठा लें।

- कूर्मासन –

विधि- दोनो अण्डकोशों के नीचे दोनो एड़ियों को व्युत्क्रम से रखना।

- उत्तान कूर्मासन –

विधि - कुक्कुटासन में कन्धों को दोनो हाथों से पकड़कर कछुए के समान सीधे हो जायें।

- मंडूकासन –

विधि- दोनों पाँवों को पृष्ठभाग में ले जाकर मिलायें और अंगूठे मिला कर दोनों घुटनों को आगे रखें।

- उत्तान मंडूकासन –

विधि- मंडूकासन में मस्तक को कोहनियों पर टिका कर मेंढक के सामान हो जावें।

- वृक्षासन –

विधि- बायें पैर की जड़ में दाँया पैर लगायें। वृक्ष के समान सीधे खड़े हो जायें।

- गरुड़ासन –

विधि- दण्डासन में बैठकर दोनों घुटनों पर दोनों हाथ रखें।

- वृषासन –

विधि- दाहिनी एड़ी दाहिनी गुदा पर बायीं एड़ी बायीं गुदा पर और तलवों का विपरीत भाग जमीन पर।

- शलभासन –

विधि- पेट के बल लेटकर पैरों को सीधा हवा में उठायें।

- मकरासन –

विधि- पेट के बल लेट कर हथेलियों में ठुड्डी को लेना।

लाभ-
शरीर की अग्नि प्रदीप्त

- उष्ट्रासन –

    विधि- पेट के बल लेट कर पांवों को पलटकर पीठ पर टिका दें।

- भुजंगासन –

    विधि- पेट के बल लेटकर दोनो हाथों की सहायता से सर्प की भांति मुँह ऊपर उठायें।
    लाभ-
    शरीर की अग्नि प्रदीप्त
    रोगों का नाश
    *कुंडलिनी शक्ति का जागरण

- योगासन –

    विधि- पद्मासन में बैठकर पूरक करते हुये नासिकाग्र को देखते हुये कुंभक करें।

3
मुद्रा एवं बंध प्रकरण

- घेरण्ड संहिता में 25 मुद्राओं का वर्णन है।
- जिन में 16 मुद्रायें, 4 बंध व 5 धारणाओं का वर्णन है।

मुद्रायें–

महामुद्रा, नभोमुद्रा, महावेध, खेचरी, विपरीतकरणी, योनि मुद्रा, वजोणि मुद्रा, शक्तिचालिनी मुद्रा, तडागी मुद्रा, माण्डुकी मुद्रा, शाम्भवी मुद्रा, अश्विनी, पाशिनी, काकी, मातंगी, भुजंगिनी।

धारणा –

पार्थिवी धारणा, आम्भसी धारणा, आग्नेयी धारणा, वायवीय धारणा, आकाशी धारणा।

बंध–

उड्डियान, जालंधर, मूलबंध, महाबंध।

- मुद्राओं का ज्ञान सिद्धियों को प्रदान करने वाला है।
- योगियों को आनंद देने वाली विद्यायें हैं।
- देवताओं को भी यह ज्ञान दुर्लभ है।
- अति गोपनीय विद्या।

बंध

- मूलबंध - प्रयत्नपूर्वक गुह्यप्रदेश को संकुचित करें तथा नाभि-ग्रंथि को मेरुदण्ड की ओर लगायें।

लाभ-

* इससे वृद्धावस्था नष्ट होती है।

*इसके अभ्यास से मरूत (वायु) की सिद्धि होती है।

*जनहीन (वन) में छिपकर इसके अभ्यास करने से संसार सागर से पार होते हैं।

*मौन व निरालस्य होकर अभ्यास करें।

- जालंधर बंध – कण्ठ का संकोच करें, हृदय पर ठुड्डी को रखें तो जालंधर बंध होता है।

लाभ-

*इससे 16 आधारों पर नियंत्रण होता है।

*मृत्यु को भी जीत लेते है।

छः महीने अभ्यास से योगी सिद्ध हो जाता है।

- उड्डीयान बंध - नाभि के ऊपर के उदर को पीठ की तरफ सिकोड़ें। इससे महाखग (प्राण) ऊपर उठता है।

लाभ-

*यह मृत्यु रूपी गज के लिये सिंह के समान है।

*सहज ही मोक्ष मिल जाता है।

*उड्डीयान बंध प्रमुख है।

- महाबंध - बायें पैर की एड़ी से पायुमूल को निरुद्ध करें। दायें पैर से बायीं एड़ी को दबा कर गुह्य प्रदेश का चालन करें। जालंधर बंध

द्वारा प्राणवायु को धारण करें।

लाभ-
*जरा-मरण से मुक्ति
*मुद्राओं में श्रेष्ठ
सभी इच्छाओं का पूर्ति

धारणा

- पार्थिवी धारणा - पृथ्वी तत्व का वर्ण – हरा

बीजमंत्र – लं
आकार – वर्ग
देवता – ब्रह्म देव

योगबल से बीजमंत्र को प्रकट करके ह्रदय में धारण करें तथा पाँच घड़ी पर्यन्त प्राण का निरोध करें। (कुम्भक)

- यह अधोधारणा मुद्रा भी कहलाती है।

लाभ
*इसकी सिद्धि से साधक पृथ्वी पर विजय करता है।
*इसके अभ्यास से साधक मृत्युंजय होता है।

- आभसी धारणा- जल तत्व का वर्ण – शुभ्र (श्वेत)

बीजमंत्र – वं (वकार)
देवता – विष्णु
आकार – चंद्र या शंख

इस तत्व धारणा को ह्रदय में धारण करके पाँच घड़ी तक कुम्भक द्वारा प्राण धारण करें। जल तत्व पर ध्यान केन्द्रित करें।

लाभ-

*सभी दुख, ताप और पाप नष्ट होते हैं।
भीतर की गर्मी और आन्तरिक उत्तेजना समाप्त होती है।
*इसके अभ्यास से गहरे जल में डूबने से भी क्षति नहीं होती।
अति गुप्त विद्या, बताने पर सिद्धि नष्ट हो जाती है।

- आग्नेयी मुद्रा (अग्नि धारणा) –

अग्नि-तत्व का वर्ण – लाल
बीजमंत्र – रं
देवता – रूद्र
आकार – त्रिकोण
क्षेत्र – नाभि
पाँच घड़ी तक कुम्भक द्वारा प्राण धारणा करें।

- इसे वैश्वानरी धारणा भी कहते हैं।

लाभ –
*इसके अभ्यास से काल का भय नहीं रहता।
अग्नि से हानि नहीं होती।
अग्नि से भी मृत्यु नहीं होगी।

- वायवीय धारणा - वायु तत्व का वर्ण – अंजन (धुयें का रंग)

बीजमंत्र – यं (यकार)
एकाग्रचित्त कुम्भक द्वारा पाँच घड़ी तक प्राण वायु को धारण करें।
लाभ –
*आकाश-गमन की शक्ति
वायु से मृत्यु नहीं हो सकती
जरा – मृत्यु का नाश
गोपनीय

- आकाशी धारणा - आकाश तत्व का वर्ण – नीला (शुद्ध जल)

    बीजमंत्र – हं (हकार)
    देवता – सदाशिव
    पाँच घड़ी तक कुम्भक द्वारा प्राण साधना करने से नभोधारणा सिद्ध होती है।
    लाभ-
    *मोक्ष की प्राप्ति
    मरण से मुक्ति
    *प्रलय के दुख से मुक्ति

मुद्रा

- महामुद्रा – बायीं एड़ी से गुदा प्रदेश को दबायें तथा दाहिने पैर को फैलाकर उसकी अंगुली को हाथ से पकड़ें। कण्ठ को सिकोड़ कर भ्रूमध्य में दृष्टि लगायें।

    लाभ –
    शारीरिक स्वास्थ्य की प्राप्ति
    कफ, कोष्ठबद्धता, प्लीहा वृद्धि, जीर्णज्वर आदि ठीक होते हैं

- नभो मुद्रा - सभी कार्यों में कहीं भी स्थित हुआ योगी जिह्वा को ऊपर करके कुम्भक द्वारा वायु रोक लें ।

    लाभ –
    यह समस्त रोगों का नाश करती है।

- खेचरी मुद्रा – जिह्वा और जिह्वामूल को मिलाने वाली जो नाड़ी जिह्वा के नीचे है उसका छेदन करके, जिह्वा का अग्रभाग का निरंतर चालन करें और मक्खन आदि लगाकर चिमटी से जीभ को खींचें। इससे जिह्वा लम्बी हो जायेगी। फिर जिह्वा को उल्टा करके

कपालरंध्र की ओर ले जाएँ, दृष्टि भ्रूमध्य में रखें।

लाभ –

मूर्छा, क्षुधा, तृष्णा, आलस्य आदि नहीं सताते।

रोग, जरा और मृत्यु का भय नहीं रहता।

अग्नि, जल, वायु और विष का असर नहीं होता।

निश्चल समाधि की सिद्धि होती है।

अनेक रसों की उत्पत्ति होती है।

अम्ल, लवण, घृत, दूध, तक्र, द्राक्षा और अमृतादि रसों का स्वाद उत्पन्न होता है।

- महाबेध मुद्रा – महाबेश के बिना मूलबंध और महाबंध उसी प्रकार निष्फल हैं जिस प्रकार स्त्री का रूप-यौवन व लावण्य पुरूष के बिना व्यर्थ है।

प्रथम महाबन्ध का अभ्यास कर उड्डियान बंध करते हुये कुम्भक द्वारा वायु को रोकें। यह महाबेध मुदा है।

लाभ –

जरा व मृत्यु का भय नहीं रहता।

अत्यंत गोपनीय।

- विपरीतकरणी मुद्रा – नाभिमूल में सूर्य नाड़ी है तथा तालूमूल में चंद्र का वास है। सूर्य द्वारा चन्द्र से स्रावित अमृत का पान करने से मृत्यु होती है। परन्तु चन्द्र-नाड़ी के अमृतपान से मृत्यु का भय नहीं रहता। सूर्य को ऊपर तथा चन्द्र को नीचे के लें। यही विपरीतकरणी मुद्रा है। सिर को भूमि पर लगाकर दोनों हाथों की सहायता से पैरों को ऊपर उठा कर कुम्भक द्वारा वायु को रोकें।

लाभ –

वृद्धावस्था और मृत्यु का नाश।

सब लोकों में सिद्धि की प्राप्ति।
प्रलय के दुःख से मुक्ति।

- योनि मुद्रा – सिद्धासन में बैठें और दोनों हाथों के अँगूठों से दोनों कानों को, दोनों हाथों की तर्जनियों से दोनों नेत्रों को, मध्यमाओं से नासिका को और अनामिका से मुख को बन्द करें। काकी मुद्रा द्वारा प्राण को खींचकर अपान से मिला दें और शरीरस्थ षट् चक्रों का ध्यान करते हुए 'हूँ' अथवा 'हंस' मन्त्र से कुण्डलिनी शक्ति को जगाकर उसके साथ ही जीवात्मा को सहस्रार में ले जायें। उस समय यह एकान्त भावना करनी चाहिए कि 'मैं शिव के साथ शक्ति सम्पन्न होकर सुखपूर्वक विहार कर रहा हूँ। शिव-शक्ति के संगम से ही मैं आनन्दमय स्वयंभू ब्रह्म हो गया हूँ।' यह योनि मुद्रा है।

लाभ –
इसके साधन से ब्रह्म हत्या, भ्रूण हत्या, सुरापान, गुरुतल्प गमन आदि पापों से मुक्ति मिलती है।
योनि मुद्रा अत्यन्त गोपनीय क्रिया है।
देवों के लिए भी यह सहज नहीं है।
जो व्यक्ति इसका नियमित अभ्यास कर इस पर अधिकार प्राप्त कर लेते हैं, उन्हें समाधि की प्राप्ति होती है।
संसार के सभी महापाप, उप पाप आदि योनि मुद्रा से मिट जाते हैं। इसलिए मुमुक्षुजनों को इसका अभ्यास करना चाहिए।

- वज्रोणि मुद्रा – दोनों हाथों को दृढ़तापूर्वक धरती पर टेकें और दोनों पैरों तथा सिर को आकाश में उठा दें।

लाभ –
शक्ति संचार करने वाली तथा जीवन प्राप्त कराने वाली
योगियों के लिए मुक्ति देने वाली, हितकारिणी, सिद्धिदायिनी तथा श्रेष्ठ है।

इसके प्रसाद से बिन्दु सिद्ध होने के कारण साधक उध्वरेतस्तत्त्व में समर्थ होता है।

- शक्तिचालिनी मुद्रा – बित्ते भर चौड़ा चार अंगुल लम्बा कोमल वस्त्र नाभि पर लगाकर कटि सूत्र में बाँधे। शरीर में भस्म रमा कर सिद्धासन में बैठे और प्राण को खींचकर अपान से युक्त करें। जब तक सुषुम्ना द्वार से चलती हुई वायु प्रकाशित न हो, तब तक अश्विनी मुद्रा द्वारा गुह्य को संकुचित करें। इस प्रकार वायु के रुकने से कुम्भक द्वारा सर्प रूपिणी कुण्डलिनी जाग्रत होकर मार्ग में ऊपर खड़ी हो जाती है। शक्तिचालिनी मुद्रा के अभ्यास के बिना योनिमुद्रा सिद्ध नहीं हो सकती। पहले इस शक्तिचालिनी मुद्रा का अभ्यास करें, फिर योनि मुद्रा का।

लाभ –
गोपनीय
विग्रह-सिद्धि सहित सर्व सिद्धियाँ प्राप्त होती हैं।
सभी रोगों का नाश होता है।

- तड़ागी मुद्रा – पश्चिमोत्तान में बैठ कर पेट को इस भांति फुलाएं जैसे पानी भरा हो।

लाभ –
बुढ़ापे और मृत्यु का भय दूर होता है।

- माण्डुकी मुद्रा – मुख बंद करके तालू में जिह्वा को घुमाएँ तथा सहस्रार से टपकते हुए सुधा रस का पान करें।

लाभ –
शरीर में झुर्रियां व बालों का सफ़ेद होना दूर होता है।
स्थायी यौवन की प्राप्ति

- शाम्भवी मुद्रा – दृष्टि को दोनों भौहों के मध्य स्थिर कर 'स्वयं' पर, अर्थात् 'अपनी आत्मा' पर ध्यान करें। यही शाम्भवी मुद्रा है। तन्त्र शास्त्र का यह बहुत गुप्त अभ्यास है। वेद, शास्त्र और पुराण सर्वसाधारण स्त्री के समान हैं और शाम्भवी मुद्रा कुलवधू के समान है। इसका अभ्यास करने वाले साधक स्वयं आदिनाथ नारायण और जगत् स्रष्टा ब्रह्मा ही हैं। यह कथन सत्य समझो कि शाम्भवी मुद्रा का ज्ञाता पुरुष साक्षात् ब्रह्मरूप ही होता है।

लाभ –
गति मन के समान हो जाती और खेचरत्व की प्राप्ति होती है।

- अश्विनी मुद्रा – गुदा का बार बार संकोच और प्रसार करें। यह अश्विनी मुद्रा है।

लाभ –
*इससे कुण्डलिनी का जागरण होता है।
गुह्य रोगों को नष्ट करके शारीरिक शक्ति बढ़ने वाली है।
*अकाल मृत्यु को हरने वाली है।

- पाशिनी मुद्रा – दोनों पैरों को कंठ के पीछे ले जाकर पाश के समान बाँध लें। यह पशिनी मुद्रा है।

लाभ –
बल और पुष्टि प्रदान करती है।

- काकी मुद्रा – मुख को कौवे की चोंच के सामान बना कर धीरे धीरे वायु का पान करें। यह काकी मुद्रा है।

लाभ –
परम गोपनीय

कौवे के सामान रोगों से मुक्ति प्राप्त होती है।

- मातङ्गिनी मुद्रा – जल में कण्ठ पर्यन्त खड़े होकर नासिका से जल खींचकर मुख द्वार से बाहर निकालना चाहिए। फिर मुख के द्वारा जल खींचकर नासिका द्वारा निकालें। इसका अभ्यास बार-बार करना चाहिए। यह मातङ्गिनी नाम की परम मुद्रा है।

लाभ –
जरा-मरण का भय नहीं रहता।
इसके सिद्ध होने पर योगी हाथी के समान बलवान हो जाता है और सदा सुखी रहता है।

- भुजंगिनी मुद्रा – मुख को फैला कर कंठ से वायु पान करें।

लाभ –
ज़रा – मृत्यु का नाश
अजीर्ण और सभी उदर रोगों का नाश

4

प्रत्याहार प्रकरण

- इन्द्रियों को उनके विषयों से हटाकर आत्मा के वशीभूत करना ही प्रत्याहार है।

लाभ –

इसके अभ्यास से कामादि शत्रुओं का नाश होता है।

षट्शत्रु – काम, क्रोध, लोभ, मद, मोह, अहंकार

"महर्षि घेरण्ड ने कहा कि अब मैं प्रत्याहार का वर्णन करता हूँ, जिसे करने से कामादि शत्रुओं का नाश होता है। जहाँ-जहाँ यह चञ्चल मन विचरण करे, इसे वहीं-वहीं से लौटाने का प्रयत्न करते हुए आत्मा के वश में करें। पुरस्कार, तिरस्कार, सुनने में सुखद, सुनने में अरुचिकर वचनों से मन को हटाकर आत्मा के वश में करें। सुगन्ध और दुर्गन्ध से मन को हटा लें। मधुर, अम्ल, तिक्त आदि रसों की और मन आकृष्ट हो तो उसे वहाँ से हटा कर आत्मा के वशीभूत करें। यही प्रत्याहार है।

5
प्राणायाम प्रकरण

- प्राणायाम के अभ्यास से मनुष्य देवता के समान हो जाता है।
- प्रथम स्थान और काल का चुनाव और मिताहार और नाड़ी-शुद्धि करें। तत्पश्चात प्राणायाम का अभ्यास करें।

योग-साधना के लिए उपयुक्त स्थान

- दूर देश में, अरण्य(जंगल) में व राजधानी में योग का अभ्यास नहीं करना चाहिए।
- सुन्दर धर्मशील देश में, जहाँ खाद्य सुलभ हों और वः देश उपद्रव रहित हो।
- कुटी बनाकर चहरों तरफ प्राचीर बना लें तथा भूमि समतल हो, गोबर से लिपी हुई हो और एकांत में हो।

योग साधना के लिए उपयुक्त समय

- हेमंत, शिशिर, ग्रीष्म और वर्षा में योगाभ्यास का आरम्भ नहीं करना चाहिए।
- वसंत और शरद योगाभ्यास के लिए उत्तम हैं।

- चैत्र – वैशाख – वसंत

ज्येष्ठ – आषाढ़ – ग्रीष्म
श्रावण – भाद्रपद – वर्षा
आश्विन – कार्तिक – शरद
मार्गशीर्ष – पौष – हेमंत
माघ – फाल्गुन – शिशिर

मिताहार

- चावल, जौ का सत्तू, गेहूँ का आटा, मूँग, उड़द, चना आदि का भूसी रहित भोजन।
- परवल, कटहल, ओल, मानकंद, कंटोल,करेला, कुंदरू, अरवी, ककड़ी, केला, गूलर और चौलाई आदि का शाक।
- कच्चे – पक्के केले के गुच्छे का दण्ड और उसका मूल, बैंगन, ऋद्धि, कच्चा शाक, ऋतु का शाक, परवल के पत्ते, बथुआ और हुरहुर का शाक।
- स्वच्छ, सुमधुर, स्निग्ध और सरस द्रव्य से आधा पेट भरना चाहिए। आधा खाली रखना चाहिए। ये मिताहार है।
- पेट का आधा भाग अन्न से, तीसरा भाग जल से और चौथा भाग वायु संचालन के लिए खाली छोड़ना चाहिए।

निषिद्ध आहार

- कड़वा, अम्ल, लवण और तिक्त – ये चार रस वाली वस्तुएं त्याज्य।
- भुने हुए पदार्थ, दही, तक्र, शाक, उत्कट, मद्य, ताल और कटहल त्याज्य।
- कुलथी, मसूर, प्याज, कुम्हड़ा, शाक-दण्ड, गोया, कैथ, ककोडा, ढाक, कदम्ब, जम्बीरी, नीबू, कुंदरू, बड़हल, लहसुन, कमरख, पियार, हींग, सेम और बंडा निषिद्ध।
- मार्ग – मगन, स्त्री – गमन तथा अतिसेवन भी उचित नहीं।

- मक्खन, घृत, दूध, गुड़, शक्कर, दाल, आँवला, अम्ल रस आदि वर्जित।
- पाँच प्रकार के केले, नारियल, सौंफ, अनार आदि त्याज्य।
- इलायची, लौंग, जायफल, उत्तेजनात्मक पदार्थ, जामुन, जाम्बूल, हरड़ और खजूर का सेवन वर्जित।
- कड़ी वस्तुएं, दूषित वस्तुएं, उत्तेजना व वासना उत्पन्न करने वाली उष्ण वस्तुएं, बासी, अधिक ठंडी, अति उग्र वस्तुओं को ना खाएं।
- प्रातःकालीन स्नान व उपवास आदि शरीर को कष्ट देने वाली क्रियाएं त्याज्य।
- एक बार भोजन, निराहार या हर प्रहर भोजन निषिद्ध है।

नाड़ी-शुद्धि प्राणायाम –

- कुश का मोटा आसन, मृगचर्म या सिंहचर्म आदि के आसन पर पूर्व या उत्तर की ओर मुख करके नाड़ी शुद्धि का अभ्यास करना चाहिए।
- नाड़ी शुद्धि के दो भेद हैं – समनु, निर्मनु।
- बीजमंत्र से होने वाला समनु और धौतिकर्म से होने वाला निर्मनु कहलाता है।
- समनु – "यं" बीजमंत्र का ध्यान करते हुए बायीं नासिका से सोलह जप तक पूरक (श्वास लें) करें। फिर चौंसठ जप तक कुम्भक करें। तत्पश्चात बत्तीस जप तक दायीं नासिका से रेचक (श्वास छोड़ें) करें। पुनः सोलह जप तक बाह्य कुम्भक का अभ्यास करके दायीं नासिका से इसी प्रक्रिया को दोहराएँ।
- नाड़ी शुद्धि में श्वास का अनुपात 16 : 64 : 32 : 16 (1 : 4 : 2 : 2) होता है।

प्राणायाम – (क्रम में याद रखें)

1. सहित प्राणायाम

सगर्भ प्राणायाम
निगर्भ प्राणायाम

2. सूर्यभेद प्राणायाम
3. उज्जायी प्राणायाम
4. शीतली प्राणायाम
5. भस्त्रिका प्राणायाम
6. भ्रामरी प्राणायाम
7. मूर्च्छा प्राणायाम
8. केवली प्राणायाम

सहित प्राणायाम –

- ये प्राणायाम दो प्रकार का है – सगर्भ और निगर्भ।
- सगर्भ बीजमंत्रों के साथ किया जाता है और निगर्भ बीजमंत्रों से रहित।
- सगर्भ (अनुलोम-विलोम) का अनुपात भी 16 : 32 : 64 है।

लाभ –

प्राणायाम के अभ्यास से आकाश-गमन, रोग नाश और कुण्डलिनी जागरण होता है।

आनंद और सुख की प्राप्ति होती है।

सूर्यभेद प्राणायाम –

- सूर्य नाड़ी से पूरक करके जालंधर बंध लगाकर कुम्भक करें। तत्पश्चात चन्द्र नाड़ी से रेचक कर दें। यह सूर्यभेद प्राणायाम है।
- प्राण, अपान, समान, व्यान, उदान, नाग, कूर्म, कृकल, देवदत्त और धनञ्जय – ये 10 प्राण हैं।
- **प्राण –**

हृदय – प्राण
गुदा – अपान
नाभि – समान
कंठ – उदान
पूरा शरीर – व्यान

- **उपप्राण –**

    नाग – उद्गार (डकार)
    कूर्म – उन्मीलन (आँख खोलना बंद करना)
    कृकल – भूख
    देवदत्त – जम्भाई
    धनञ्जय – मृत्योपरांत विद्यमान प्राण
    लाभ –
    जरा – मृत्यु का नाश।
    शरीरस्थ अग्नि प्रदीप्त होती है।
    *कुण्डलिनी जागरण
    उज्जायी प्राणायाम

- दोनों नासिका से वायु को खींचकर हृदय के पास स्थापित करें। और यथासंभव कुम्भक करें।
- इससे सभी कार्य सिद्ध होते हैं।

    लाभ –
    कफ रोग, अजीर्ण का नाश।
    आम वात, ज्वर, क्षय, कास, प्लीहा रोग से मुक्ति
    जरा – मरण का नाश।
    शीतली प्राणायाम –

- जिह्वा के द्वारा वायु को खींचकर उदर को भर लें और कुम्भक करें। फिर दोनों नासिका के क्षिद्रों से वायु बाहर छोड़ दें।

लाभ –

अजीर्ण और कफ-पित्त विकारों का नाश।

भस्त्रिका प्राणायाम –

- लोहार की धौंकनी के समान नासिका से वायु को खींच कर उदर को पूरित करें और उदर में धीरे धीरे चलायें। पुनः लोहार की धौंकनी के समान ही वायु को बाहर निकाल दें।
- इसे ही भस्त्रिका कुम्भक भी कहते हैं।

लाभ –

इससे रोग नहीं होता और आरोग्य की प्राप्ति होती है।

भ्रामरी प्राणायाम –

- अर्धरात्रि में एकांत स्थान पर साधक को अपने हाथों से दोनों कानों को बंद कर लेना चाहिए। इससे साधक को विभिन्न प्रकार के नाद सुनाई देंगे।
- प्रथम झींगुर की ध्वनि, फिर वंशी की ध्वनि, फिर मेघ गर्जन फिर बाजे बजने का शब्द, फिर भौंरों का गुंजन तथा घंटा, घड़ियाल, तुरही, भेरी, मृदंग, आदि का नाद सुनाई देता है।
- निमीलित (बंद) आँखों से बारह दल के कमल में ज्योति दिखाई देती है, वही ब्रह्म है।

लाभ –

विष्णु भगवान् के परम पद की प्रप्ति होती है।

भ्रामरी कुम्भक सिद्ध होने पर समाधि की सिद्धि होती है।

जप से आठ गुना उत्तम ध्यान है, ध्यान से आठ गुना उत्तम तप, तप से आठ गुना उत्तम गान (संगीत) है, और गान (संगीत) से श्रेष्ठ कुछ भी

नहीं है।

मूर्च्छा प्राणायाम –

- सुखपूर्वक कुम्भक का अभ्यास करके मन को आज्ञा चक्र पर केन्द्रित करें।

लाभ –
इसकी सिद्धि से आनंद की प्राप्ति होती है।

केवली प्राणायाम –

- प्रत्येक पूरक के साथ आत्मा 'सो' तथा रेचक के साथ 'हं' का जप करती है।
- प्रत्येक जीव चौबीस घंटे में इक्कीस हजार छह सौ (21600) श्वास लेता है।
- प्राण की स्वाभाविक गति बारह अंगुल की है। यदि गति इससे भी न्यून हो जाये तो आयु की वृद्धि होती है।
- केवली कुम्भक का अभ्यास करके इसकी गति को न्यून किया जा सकता है।
- आठों प्रहर में आठ बार अभ्यास करना चाहिए।

6

ध्यान प्रकरण

- तीन प्रकार के ध्यान का वर्णन है – स्थूल, ज्योति और सूक्ष्म।
- स्थूल में मूर्तिमय इष्ट का ध्यान, ज्योति में तजोमय ब्रह्म का ध्यान तथा सूक्ष्म में बिन्दुमय ब्रह्म या कुण्डलिनी शक्ति का ध्यान।

स्थूल ध्यान –

- अपने हृदय में गुरु के स्थूल रूप का ध्यान और चिंतन करते हुए अपने इष्ट देव का चिंतन कीजिये। उन्होंने शरीर पर जो वस्त्र, माला इत्यादि पहना है उस पर एकाग्रता से अपना ध्यान केन्द्रित कीजिये।
- ध्यान के समय सहस्रार में ॐ को देखने का प्रयास कीजिये।
- इस प्रकार स्थूल रूप से गुरु का ध्यान करने से स्थूल ध्यान सिद्ध होता है।

ज्योति ध्यान –

- मूलाधार में सर्पाकार कुण्डलिनी है। यहीं दीपक के लौ के रूप में आत्मा का निवास है। यहाँ तेजोमय ब्रह्म का ध्यान करना ही ज्योति ध्यान है।

- भौंहों के मध्य जो प्रणव ज्योति है उसका ध्यान ही ज्योतिर्ध्यान कहलाता है।

सूक्ष्म ध्यान –

- शाम्भवी मुद्रा का अभ्यास करता हुआ साधक कुण्डलिनी का ध्यान करे। यही सूक्ष्म ध्यान है।
- यह देवताओं के लिए भी दुर्लभ है। अत्यंत गोपनीय है।
- इसकी सिद्धि होने पर आत्म-साक्षात्कार होता है।

स्थूल से ज्योति सौ गुना श्रेष्ठ है और ज्योति से सूक्ष्म लाख गुना श्रेष्ठ है।

7
समाधि प्रकरण

- समाधि रूप परम योग बड़े भाग्य से प्राप्त होता है।
- यह छह प्रकार का है।

  ध्यानयोग
  नादयोग
  रसानंद योग
  लयसिद्धि योग
  भक्तियोग
  राजयोग

- ध्यानयोग समाधि शाम्भवी मुद्रा से, नादयोग की खेचरी, रसानंद योग की भ्रामरी मुद्रा से, लयसिद्धि योग की योनि मुद्रा से, भक्तियोग की मनोमूर्च्छा से तथा राजयोग समाधि की सिद्धि कुम्भक से होती है।

  ध्यानयोग समाधि –

- शाम्भवी मुद्रा करके आत्मा को प्रत्यक्ष देखने का प्रयास करें तथा परमात्मा और जीवात्मा को लय करने का प्रयास करें।
- इससे योगी सदानंदमय और समाधिस्थ हो जाता है।

नादयोग समाधि –

- मंद वेग से वायु लेकर भ्रामरी प्राणायाम का अभ्यास करें। उत्पन्न नाद में अपना मन लगा दें। यह नादयोग समाधि है।

रसानंद समाधि –

- जब खेचरी मुद्रा का अभ्यास करते हैं तो समाधि की प्राप्ति होती है उसे रसानंद समाधि कहते हैं।

लयसिद्धि समाधि –

- योनिमुद्रा का साधन करके स्वयं को शक्ति तथा परमात्मा को पुरुष का भाव करें। अद्वैत ब्रह्म की अनुभूति करें। यह लयसिद्धि योग समाधि है।

भक्तियोग समाधि –

- परम भक्ति से इष्ट की आराधना करें इससे परमात्मा से एक्य की अनुभूति होगी। इसे भक्तियोग समाधि कहते हैं।

मनोमुर्च्छा या राजयोग समाधि –

- मनोमूर्च्छा कुम्भक करते हुए योगी अपने मन को एकाग्र करके ब्रह्म में लगाये। इसे राजयोग समाधि कहते हैं।

www.ingramcontent.com/pod-product-compliance
Lightning Source LLC
LaVergne TN
LVHW042002060526
838200LV00041B/1829